HIJOS DE LA MATEMÁTICA

I. Cascajos

Como un soneto

Que en la cruz del tiempo

Suena escombrado.

II. Escombros

Persigue una sombra

El rumor del viento

Tras una herida.

III. Ruinas

Como la herida

Tras la sombra sin luz

En la vena derecha.

IV. Cuarto

En la sien izquierda

Un dolor ahí

Interno en la cabeza.

V. Fin

Continúa la sombra

De lo que fue y será

Tras la luz trasera.

VI. Teléfono

En la sien derecha

Un ring ahí

Externo a la cabeza.

VII. Haikus, pregunto.

Siete sílabas tres

En vez del jardín

En lugar del diez.

VIII. Desamor

Por amor la sombra

Perseguida nunca

Tras los pies cojos.

IX. Roma

Nueve romanos

En corte vaticana

Sin santo pasado.

X. Colonia

Olor a pis

Mezclado con alcohol

No disimula el orín.

XI. J. N.

Da un pez

Bebe vino ya

A la edad de 33.

XII. J. R.

Toca crecer

A la edad de siempre

Para nacer y pedir.

XIII. S. P.

Dragón con erre

Trabada en el quicio

De la de y la ere.

XIV. Aborígenes

Humanos en la puerta

Bajo Hamelin

Ratones por debajo.

XV. Haiku

Inteligencia pez

Está por hacer

Siempre por la sirena.

XVI. Mayoría

Árbol del tabaco

Armas en el mercado

Almas arrodilladas.

XVII. Zen

Minoría en el suelo

Absoluto Oh

Misterio resuelto.

XVIII. Edad

No te me vayas a

No te me vayas a

No te me vayas a…

XIX. Escritura

Ego frágil aun fuerte

Ring en el teléfono

O sonidos guturales.

XX. No coger

Decidir es sufrir

Premio de veinte

Suerte diletante.

XXI. Surgeon

La cirugía cerebral

En la muerte

Del hombre mitad.

XXII. Cirugía

La mitad del hombre

En el mal

De la muerte sin fin.

XXIII. Plástico

La boca porcelana

En el hueco

Del juicio de la muela.

XXIV. Chica

La huella del cielo

En la boca

De la estrella final.

XXV. Chico

Haiku de inicio

Para otro tiempo

Sin rumor apagado.

XXVI. Historia

Título puesto

A la edad de veintisiete

En la pierna del tiempo.

XXVII. Cien

Sien de trigo

Aneurisma bocarriba

Bajo bombas de paz.

XXVIII. Números

Resta la criatura

Tras pasar los veintisiete

A la edad de viejo.

XXIX

Adiós por testigo

Treinta en el aire

Sin dios ni amo.

XXX

Treinta sin vaina

Cuarenta de largo

Cuarenta y tres sin aliento.

XXXI

Aliento sin título

Escombros volados

En la reina sureña.

XXXII

Treinta y dos

Y cuarenta y cuatro

Resultado concreto.

XXXIII. Simbología

Jefe y rey muerto

Puesto de guardia

Allá en otro reino.

—Final o principio—

Para el porvenir de la raza

Está decidido

¡Y se decide un ay!

XLIV

En el medio acuoso

Surge el mito

Que flota valiente.

XLV

De vino y agua

De pan y hostia

De tiempo y meta.

—Infinito—

Creamos el verbo

Se deshace en la vida

Se rehace en cuerpo.

1. Deo volente

De profundis clamaba

Ad te domine

El grito sin nombre.

—Al nacer—

—Al morir—

—Al vivir—

***

V. Siendo

M. Continuando

D. Subjuntivo

P. Inquieta mente

Traducción

Ciudadanas letras negro sobre blanco

Blancas lunas orbitando

Rimas imposibles en pretérito

Sangre derramada en la tierra

Cruz reversa sobre la bóveda

Celestes nubes bajo la tumba

Sueños inquietos en cada ser.

Tomad entonces ese trago,

Amargo por eterno,

Tatuado en el diente

Simiente en la tierra,

Crecido en las nubes.

Relámpago que crea

Sombras que no tapan

Luz de las estrellas.

Porque hoy es el día y estamos heridos. Porque

confiamos a ciegas. Ciencia matemática.

Al Om interno del cuento…

A la bruma dionisíaca

Al hedonismo y la magia

A la tercera pata

A lo perdido en la poesía.

Al sol que no se rinde

Al irredento espíritu.

Al primer sueño

De la mecánica imposible.

De los herederos del artefacto del destino.

Al templo de un nuevo día

De una noche amanecida

Por lo más oscuro, tras el dolor.

Ergo sí.

¿No?

Claro, claro, claro.

∞

Postdata: Se vive muchas veces. Es cuestión de organizarse. Stop para el pasado.

Pasemos adelante. *Requiescam*. Y vuelta, pues, a empezar esta mecánica imparable.

NO FIN

FIN

NO FIN

CATEDRALES

DE PAPEL

EN

INICIO

DE

NO FIN

R.

DRAGÓN SIN DOLOR

DOLOR SIN AMOR

AMOR QUE CAMBIÓ

MRJ:

Tecnología atávica

Atada a la cerviz

Al cuello que dobla

A los caídos por mil

INFINITOS INFINITÍSIMOS

Generación de los caminos

Donde escribo para no errar

En las próximas vidas.

RELATO NUEVO DEL PADRE Y DEL HIJO

La ósmosis y el aneurisma

El cáncer y la esclerosis

El tabaco que no fumo

La lluvia que predecimos

El ego infranqueable

El sueño que nos espera

Las mayúsculas automáticas,

y la corrección del hijo al padre,

y la corrección de la madre al hijo,

y la corrección de la nada al todo,

del ir a regañadientes, pero ir.

El dejar ir a quienes tienen que volver,

pues así es por los siglos de los siglos

en medio del agua y el amen.

CONCLUSIÓN

La vida mata.

La muerte vive.

Su esclavitud es sincera.

***

En un jardín de yucas

Es cierta la existencia

En un desierto páramo

Un oasis de clemencia

Y algunos dátiles perdidos

En una hoja de palma

En la hendidura de la matriz

y de la tapadera del camposanto.

***

En una oración mala

del desamor del cielo

del pasado que regresa

del futuro que acecha

un cáliz apartado

que amenaza la noche

apartada sola y fría.

(Caliente eterna, sin embargo,

la noche del cáliz sin premio)

Por unas sudadas monedas.

Por un palacio en un huerto

Del tiempo y su locura

De la edición príncipe

De la rana y la manzana

Del sueño ante esta página.

***

Café. Vida. Regalo.

Un baile pues,

y una risa y una lágrima,

¿Y quién se hace cargo?

***

S.J.C.

S.L.O.

S.F.B.

***

Y EL SILENCIO POR QUIEN DOBLAN LAS
CAMPANAS

Así, con anestesia.

Así, con el réquiem.

Así, sentada

Así, de pie

Así, en cuclillas

—En el trono

—En la cama

—En el vergel del edén

Más dionisiaco que apolíneo

Más estoico que la corona de laurel

Sobre Cibeles y la piel

Sobre los homenajes a las madres

Hermana y oruga y salvación

Cambiada por Él.

Escrita por todas las balas perdidas

Por toda la miel derretida

Por los puntos suspensivos de una puerta

Que no cierra.

¿Pero nunca, nunca, nunca?

No, Pierre. No, patán, Aire, aire, que se abre.

Nubes que se cierran.

Vida que ondea.

Letras de los hijos de la autarquía.

Otredad de las hijas de su señora.

Bondad de fidelidad al frente.

Martillos sobre el reino

Y hazañas sobre el campo.

Batallas perdidas, caballero de Lep—

Lengua extranjera, idioma caste—

Amo infiel, hacienda sin arado,
Por conjeturas, pensado.

Urgencia de familiar aburgue—

Cansada la espina

— ¿Hilas?

— Sigo, amiga.

— ¿Milicia?

— No, queri—.

Una historia de destrezas y fallas, un resfriado ingenio para a las américas pasar. Un no querer volver allí para tener que volver aun contra todos los foros de la Muerte. *Vale.*

Almería, a cuatro de julio del año dos mil veintitrés después de Cristo.

Fdo. Anónimo García Bouvard, pirata secuestrado al servicio de las letras hispanas.

Post-Scriptum: ~A~

LAS REFERENCIAS DE ESTE MANUSCRITO SON AUTOINDUCIDAS POR EL IMPULSO CREATIVO PRODUCTO DE LA MEDICACIÓN Y DE LA VIDA Y LAS LECTURAS.

ASIMISMO, EL AUTOR DESCONOCE EL PORCENTAJE DE PLAGIO. NO SE TRATA NI DE UN POEMARIO NI DE UNA OBRA GRÁFICA Y HA SIDO REALIZADO EN EL TRANSCURSO DE UNAS CUATRO HORAS.

Mi habitación, 2023.

(Continuará)

Indique su deseo aquí:

____

____

¿Y bien?

Se recomienda que uno sea cuidadoso en aquello que se desea.

Se advierte que la literatura nunca es inocente.

Se muestra el número de páginas mecanografiadas y se piden disculpas por las erratas, o cualquier otro despiste, pero era intención del autor que así quedara la obra.

Considérese el tiempo y el espacio que ocupamos.

Considérese el ser voz y parte.

Considérese lo que sea pertinente.

Se despide en la página número veinte

                        el autor de esta

            creación.

                        Fin

                        Fin,

                        Fin…

            Para el recuerdo.

Inicios, inicios, inicios, para la cultura.

Así como ardió Babel

Así como ardió Alejandría

Así como ardemos de frío en la Antártida.

Así como los novísimos de cartón piedra

Que se saltan, calcio y huesos, el salto sin rima

el adjetivo inefable de hierro y fósforo

y la finalidad primera de la última instancia.

La primera hija del matemático.

Los hijos del mundo de los números

Si binarios o no,

Si combinados o solos,

Si 01 y el resquemor de un 2

Si 10 y el resquemor de un 2

Si 0 y el miedo de un cielo.

Rodeado siempre de fantasmas,

Que no por mucho madrugar entre las piernas,

Amanece más temprano entre las sábanas,

Que hay quien buen árbol se arrima entre tinieblas

Buena sombra le cobija entre los sueños

entre pesadillas, entre las líneas, o la memoria.

Porque a Dios rogando entre las sábanas

Y con el mazo infalible dando en nuestros cuerpos.

Y regresen siempre a la página 20. No vayan, pero regresen.

Lean, pero callen. Declarémonos desiertos páramos sin alas.

Y regresen al hueso y la gallina y a este cuento como poema.

No es un farol el que deja de alumbrar cuando el
alcohol

Penetra y se ha perdido al padre

No es una sombra la que se apaga sino un páramo

De huellas, de huellas, de dígitos, de Adiós

De resbalón,

De cuidado,

Que la literatura nunca miente,

—ya lo dijiste, pesado

Porque la literatura casi nunca es inocente

Porque la literatura negó la métrica,

como niego, niego, niego,

no sé ya cuántas veces.

Como no cae, no cae, no cae,

todas las veces.

Por eso nadie olvide: regresar a la página número veinte

Y vente conmigo cuando no esté.

Cuando el universo miente vuelve conmigo a la página

Para llenar de O el verso

De una brasa que late en otro tiempo

Donde poner el tres, cuando ya no esté.

Donde echar a arder, cuando ya no esté.

Cuando no estemos,

                    y seremos serenos sin dolor

Tras el pan y una campana y se acabó.

Descansemos el huevo cósmico

del hábito de descansar

para yacer, para leer, para am—

De La Si Sol —

Do Re Si Lu Na

Na Da Da Da.

Ay, señor,

Ay, señor,

Ay, señor,

Ay, madre con los ayes

Mal de altura con los ojos en la página veinte

Veinte años prometidos con los ojos en la palabra

amor

Mal de madre sin puntos y aparte

Padre en blanco en la página 20

500 pesetas y una botella de ron

Quinientas líneas y un blanco amor

Que no me lleven, que me lleven.

Que no me digan, que me digan.

Que no me llamen que no estoy.

Contra todos los fueros de la muerte

Siempre en la página número veinte

Siempre en el brillo de la hoja y la pluma.

— ¿Cómo, hermano? ¿Pero cómo?

— Pues con la luna gritando, con la rima en la bruma,

con el perdón y el silencio.

VÉASE PÁGINA N.º 20. *Vale*

Ω

±

π

www.ingramcontent.com/pod-product-compliance
Lightning Source LLC
Chambersburg PA
CBHW071609270726
48661CB00019B/1941